NORDLICHT 2

Lifestyle
BUSSE
SEEWALD

NORDLICHT 2

skandinavisch wohnen

Dorrit Elmquist und Birgitta Wolfgang Drejer

Übersetzung von Frauke Watson

Originalausgabe:
NORDLIV

ISBN 978-87-02-05393-7

Deutsche Ausgabe:

Übersetzung: Frauke Watson, F-Callian
Satz: Punkt für Punkt GmbH, Düsseldorf
gedruckt in China

ISBN 978-3-512-03312-4

Inhalt

Vorwort

Vor ein paar Jahren spielten die Fotografin Birgitta Wolfgang Drejer und ich mit dem Gedanken, ein Buch über den typisch nordischen Lebensstil zu gestalten – über Farben, Materialien, Licht und Leben bei uns zu Hause in Skandinavien. Schon 2001, nur ein Jahr später, war unser Traum mit *Nordlicht* (ebenfalls erschienen bei BusseSeewald) Wirklichkeit geworden. Es wurde außerordentlich gut aufgenommen und hatte für ein Buch seiner Art eine erstaunlich lange Lebensdauer.

Seither haben wir beide mehrere Bücher zusammen verfasst. Zwar drehten sie sich auch um andere Themen, doch die skandinavische Lebensart zog sich als roter Faden durch alle hindurch. Denn wir haben hier oben im Norden eine ganz eigene Art, uns darzustellen und einzurichten – das ist uns bei unserer Arbeit an den Büchern immer deutlicher aufgefallen. Obwohl wir immer wieder danach gefragt wurden, lag uns der Gedanke an ein zweites Nordlicht lange Zeit recht fern. Denn sowohl im Film als auch in der Literatur ist eine „Fortsetzung" stets problematisch. Im Laufe der letzten Jahre ist uns jedoch klar geworden, dass wir uns alle weiterentwickelt haben, sowohl in Bezug auf die Einrichtung als auch auf Anregungen dafür. Auf einmal schien der Gedanke an ein weiteres Buch über unseren lichtdurchfluteten, ganz und gar einzigartigen nordischen Einrichtungsstil gar nicht mehr so weit hergeholt. So kam es also doch zu Nordlicht 2 – ein Buch voller anregender Reportagen über interessante Menschen, die wir in ihren fantastischen Häusern und Wohnungen besucht haben.

Viele Charakterzüge des Einrichtungsstils in unseren Breitengraden sind nach wie vor gleich geblieben: die Farben orientieren sich zumeist an der nordischen Graublau-Skala. Inzwischen aber haben sich der vertrauten Palette viele zusätzliche Farbtöne und Muster

Nordlicht 2

zugesellt. Auch bei den Materialien gibt es altbewährte Klassiker, doch die Oberflächenbehandlung hat sich verändert. Glatte, glänzende Flächen sind sehr beliebt – ein willkommener Trend, durch den das nordische Licht noch einmal mehr zu Geltung kommt.

Auch der Einrichtungsstil hat sich natürlich weiter entwickelt. Er ist insgesamt moderner geworden, auch wenn die jeweilige Stilrichtung nach wie vor als klassisch, romantisch, rustikal oder minimalistisch bezeichnet werden könnte. Daneben jedoch gibt es einen neuen Stil, der sich in den letzten paar Jahren immer stärker behauptet hat, nämlich „mein Stil" – teils ein Spiegel dessen, was sich momentan in der Welt so tut, teils auch das Ergebnis eigener Vorlieben und dessen, was uns bis hierher durch das Leben begleitet hat. Es ist auch deutlich zu erkennen, dass wir heute sehr viel mehr reisen als noch vor ein paar Jahren. Der Einfluss anderer Kulturen ist unverkennbar – immer häufiger mischen sich zum Beispiel asiatische, nordafrikanische und amerikanische Stilelemente unter das altbewährte schwedische, französische oder italienische Ambiente, das wir bisher bevorzugt haben.

Der Begriff „organizing", der sich hier am besten mit „Ordnung schaffen" übersetzen lässt, hat inzwischen bei uns festen Fuß gefasst. Ordnung schaffen ist heute nicht nur eine Notwendigkeit für Menschen, die in kleinen Wohnungen leben, sondern ein Grundbedürfnis. Wir wollen uns daheim mit Ruhe umgeben und unsere Energiereserven auftanken. Daher muss alles seinen

skandinavisch wohnen

Platz haben, und so gibt es inzwischen fertige Schrank- und Regalsysteme in großer Auswahl. Doch auch die eigene Erfindungsgabe ist gefragt, wenn es um optimale Lösungen für individuelle Platzprobleme geht.

In diesem Buch geht es vor allem darum, wie wir uns unser individuelles Leben einrichten und welche Rolle unser Heim dabei spielt. Viele Menschen sind heute alleinerziehende Eltern und es ist deutlich zu merken, dass gerade hier die häusliche Umgebung eine große Rolle spielt. Mehr denn je ist unser Heim eine Visitenkarte, die über unser Wesen und die Richtung, die wir im Leben eingeschlagen haben, Auskunft gibt. Vielleicht liegt es daran, dass die Einrichtung heute nicht mehr statisch, sondern ständig in Bewegung ist. Wir möblieren sehr viel spielerischer und gestalten unsere Umgebung so lange um, bis sie sich für das Hier und Jetzt genau richtig anfühlt.

Für viele ist das Heim zugleich der Arbeitsplatz – entweder ganztags oder nur für ein paar Stunden in der Woche. Unser Zuhause ist oft der Schauplatz so vieler Aktivitäten, dass wir uns nicht selten anderswohin begeben, um Ruhe und Frieden zu finden. So liegt die Herausforderung heute darin, unser Heim zu einem Ruhepunkt zu gestalten, in dem wir wieder zu unserer inneren Mitte zurückfinden und Kraft tanken können – für uns selbst und für all die Menschen, die unser Leben teilen.

Dorrit Elmquist

Frischer Wind in einer Villa

HOCHHERRSCHAFTLICH und zugleich bescheiden wirkt das klassische Ziegelhaus in der weiten Wiesenlandschaft Fünens. Das Knirschen der weißen Kiesel unter den Füßen begleitet den Besucher bis an die schwarz gestrichene Eingangstür. Drückt man die Klinke herunter, wird man schnell entdecken, dass die Haustür unverschlossen ist. Denn hier wohnen Gastfreundschaft und Vertrauen.

DRINNEN weht seit ein paar Jahren ein frischer Wind. Tine und ihr Mann Jacob hatten lange davon geträumt, von Kopenhagen auf die Insel Fünen zu ziehen. Ihre gemeinsame Firma, *tinekhome*, hatte sich in den letzten Jahren stark vergrößert und nahm viel Zeit und Aufmerksamkeit in Anspruch, und so war auch der Platz- und Ruhebedarf der Familie entsprechend gewachsen. Um ein Traumhaus im Norden Kopenhagens zu finanzieren, hätten Tine und Jacob noch mehr arbeiten müssen. Was ihnen jedoch vorschwebte, war weniger Arbeitszeit und damit mehr Zeit für die Familie. Es war der richtige Zeitpunkt, ganz woanders ganz neu zu beginnen. Die Firma war leicht zu verpflanzen und die Kinder noch so klein, dass sie ihre Schullaufbahn in der neuen Heimat antreten konnten.

Tine und Jacob übernahmen das Haus bereits ein halbes Jahr vor ihrem Einzug. Haus und Garten waren nämlich in den letzten Jahren sehr heruntergekommen und mussten erst einmal instand gesetzt werden. Nachdem etliche Jahre in eine gründliche Renovierung investiert wurden, bietet sich das 320 Quadratmeter große Haus heute so dar, wie es sich die Familie erträumt hatte – hell, geräumig und ideal für eine aktive Familie mit kleinen Kindern.

Küche

Tee aus Garten-KRÄUTERN

Auch, wenn Sie kein begeisterter Gärtner sind oder nur einen kleinen Garten haben, brauchen Sie auf frische Kräuter nicht zu verzichten. Man braucht dafür nur ein kleines Beet oder ein paar Pflanzgefäße. Kräuter eignen sich nicht nur zum Würzen, sondern schmecken auch wunderbar als frischer Teeaufguss.

Pflücken Sie dafür ein paar Blätter Ihres Lieblingskrautes und geben diese direkt in eine Teekanne oder in Teegläser. Dann mit kochendem Wasser aufgießen und 10 Minuten ziehen lassen. Wie stark der Tee werden soll, bestimmen Sie selbst. Als Daumenregel rechnet man jedoch 1 EL frische Kräuter auf 1 Tasse Wasser. Süßen Sie den Tee nach Geschmack mit Honig und servieren ihn heiß oder eisgekühlt.

Versuchen Sie es auch einmal mit Blüten wie Ringelblume oder Borretsch oder kreieren Sie Ihre ganz persönliche Teemischung – der Fantasie sind dabei keine Grenzen gesetzt!

Fortgehen, um anzukommen

Tine und Jacob haben drei kleine Kinder – Klara, Tilde und Konrad. Gleichzeitig sind sie leidenschaftlich in ihrer Firma engagiert, die viel Arbeits- und Reisezeit in Anspruch nimmt. Um Familien- und Arbeitsleben unter einen Hut zu bringen, entschieden sie sich dafür, von Sippschaft und Freunden fort aufs Land zu ziehen. Dadurch können sie sich in der arbeitsfreien Zeit voll auf ihre Kinder konzentrieren. Inzwischen haben sie in der neuen Heimat auch ein paar Freundschaften geschlossen. Zufällig kommen die Freunde auch aus der Designbranche, und so ergibt sich so mancher gesellige Abend, an dem zusammen gekocht, gegessen und gefachsimpelt wird. Doch auch die alten Bande werden nicht vergessen. Nun kommen Freunde und Familie übers Wochenende zu Besuch, was der Beziehung eine ganz neue Qualität verleiht, denn das Zusammensein ist dadurch zugleich entspannter und intensiver.

ASCH FARBEN

VOGUE
WOHNEN IM GRÜNEN • KÜCHEN SPEZIAL
ELLE DECORATION
ELLE THE WORLD'S BIGGEST SELLING FASHION MAGAZINE
FARBOFFENSIVE • BETTEN SPEZIAL
DECO

I love pretty things

Tine ist für die Produktentwicklung ihrer Wohndesignfirma zuständig. Das Angebot umfasst eine breite Produktpalette von Möbeln bis hin zu Geschenkartikeln. Ihr sehr persönlicher Stil erfreut sich im In- und Ausland steigender Beliebtheit, und so ist die Firma seit ihrer Eröffnung vor nunmehr zehn Jahren stetig am Wachsen. In einem Flügel des Wohnhauses befindet sich der Firmensitz mit Arbeitsplätzen für mehrere Angestellte. Der Wohntrakt dient zugleich als Showroom für die neueste Kollektion. Oft sind es die eigenen Interessen und Bedürfnisse der Familie, die den kreativen Impuls für ein neues Design geben. So ist es nur natürlich, dass die Wohnräume zugleich als Testlabor und Ausstellungsfläche fungieren.

FRASER
ARTESANIA VIVA

Ein eigener Stil

BILDSCHÖN im wahrsten Sinne des Wortes ist die Einrichtung der alten Arztvilla. Wer mit dem Werk des dänischen Malers Vilhelm Hammershøi vertraut ist, wird sich mitten in sein Werk versetzt fühlen. Die schneeweißen Wände und Decken stehen in strengem Kontrast zu den blauschwarzen Fußböden und Möbeln. Überall spiegeln sich Fragmente der Einrichtung in blanken Oberflächen. Der Stil orientiert sich an asiatischen, französischen, schwedischen und marokkanischen Elementen. Farben, Formen und Oberflächen sind sehr verschieden, doch trotzdem verbinden sie sich zu einem ganz eigenen, homogenen Ganzen. Grau- und Blautöne sowie Schwarz dominieren und die Schlichtheit der Formen erzeugt ein Gefühl von Klarheit und Ruhe. Doch wenn man sich umschaut, findet man immer wieder dekorative und verspielte Objekte, die vor allem vom nordafrikanischen Stil geprägt sind. Blumen und Pflanzen spielen neben den grob gewebten Stoffen der Möbelbezüge für das Gesamtbild ebenfalls eine wichtige Rolle.

Den Blick durch die zahlreichen Fenster stören weder Gardinen noch Vorhänge, denn die Familie wird hier nicht durch neugierige Einblicke von draußen behelligt. Die Zimmer sind durch verglaste Doppeltüren verbunden, die das Gefühl der Weite und Geräumigkeit noch verstärken. Gleichzeitig befindet sich die gesamte Familie so in ständigem Blickkontakt zueinander.

Orangen Ananas-Punsch

1 großes Glas oder
2 kleinere Gläser

$^1/_2$ Banane
1 Hand voll Eiswürfel
100 ml Ananas- oder Orangensaft
1 Orange, geschält und in Scheiben
$^1/_4$ frische Ananas, gewürfelt

Banane, Eiswürfel und Saft im Mixer zerkleinern. Orangenscheiben und Ananaswürfel zugeben und den Mixer noch ca. 1 Minute laufen lassen.

Fliederbeersuppe mit Äpfeln

Ergibt 4 Portionen

1kg reife Fliederbeeren (Holunder)
1 l Wasser
1-2 Äpfel
1 unbehandelte Zitrone
ca. 125 g Zucker
Kartoffelmehl zum Andicken

Die dicksten Stängel der Fliederbeerdolde entfernen. Die Beeren 5-6 Minuten in Wasser aufkochen, dann die Flüssigkeit abseihen. Äpfel schälen und in Schnitze zerteilen. Zitrone in dünne Scheiben schneiden. Die Fliederbeersuppe in den Topf zurück gießen und 5 Minuten kochen lassen. Etwas Kartoffelmehl mit kaltem Wasser verquirlen und die Suppe damit andicken. Mit Zwieback, gerösteten Haferflocken oder Croutons servieren.

Beeren aus dem Garten

Marokkanische Inspirationen

Das größte Badezimmer der Familie liegt im ersten Stock. Es wurde mit einer Technik verputzt, die Tine auf ihren vielen Reisen nach Marokko entdeckt hatte. Dort wird für Innen- und Außenputz eine Art Steinmehl verwendet. Tine ließ so viel Wandfläche wie möglich frei, da das Badezimmer Platz für Dusche und Badewanne haben und doch einen ruhigen Gesamteindruck vermitteln sollte. Ursprünglich waren zwei Waschbecken geplant, doch vor der Fertigstellung meldete sich Brüderchen Konrad an, sodass sich an der Stelle des zweiten Beckens nun ein Wickelplatz befindet. Die Ledergriffe an den Schubladen stammen aus Tines eigener Kollektion.

Bain
Lin
500 ml
Huile de Massage
Lin

VISION IN WEISS: Im Gegensatz zum Erdgeschoss sind hier alle Fußböden hell gehalten, sodass sich die Farbkontraste auf ein Minimum beschränken. Die Schlafzimmer liegen in Reih und Glied hintereinander. Das größte, mit angeschlossenem Ankleidezimmer, ist den Eltern vorbehalten. Im Elternschlafzimmer befindet sich auch ein Sessel und ein Wäschepuff aus Tines Möbelkollektion.

Hier kann man sich entspannt zurücklehnen und die Ruhe genießen, fernab von all der Aktivität im Erdgeschoss – in einem Sessel, den einem niemand streitig macht!

V

zu sich selbst finden

Einfachheit

Da das Haus so groß ist, brauchten Tine und Jacob mit dem Platz nicht zu geizen, denn kein Zimmer muss mehrere Funktionen erfüllen. Die Einrichtung des Schlafzimmers mit Möbeln, Leuchten und Textilien aus Tines Kollektion ist sehr schlicht gehalten. Das gilt auch für alle anderen Räume des Hauses: Das Mobiliar ist spärlich, mit viel Bewegungsfreiheit dazwischen. Notwendiges wird in schönen antiken Schränken und Kommoden aufbewahrt und überall im Haus verstreut findet man Holzkisten und Körbe zum Verstauen von Spielzeug, Kissen, Zeitschriften und was sonst noch so alles anfällt.

Ein sommerliches Universum

Seit die Familie auf Fünen lebt, hat der Aufenthalt im Freien einen sehr viel höheren Stellenwert bekommen. Das Haus steht immerhin auf einem mehrere tausend Quadratmeter großen Grundstück. Nun verbringt die Familie den Sommer über meist draußen. Zum Garten hin wurde eine große Holzterrasse angelegt, die von einer hohen Windschutzhecke umgeben ist. Dadurch wirkt dieser mit einem großen Essplatz ausgestattete Bereich wie ein Zimmer im Freien. Zwischen den Mahlzeiten und besonders an den Sommerabenden hält sich die Familie mehr in der „Wohnzimmerecke" der Terrasse auf. Hier stehen Tines in Marokko produzierte Holzbänke mit weichen Sitzpolstern, Decken und vielen Kissen. Bei Anbruch der Dämmerung werden Mengen von wunderschönen Laternen angezündet. Im Schein der Kerzen, umgeben von den Düften des Gartens und himmlischer Ruhe sitzt es sich so angenehm, dass es oft schwer fällt, ins Bett zu gehen. Nahe der Terrasse steht ein kleines Gartenhaus mit Kamin und rustikalen Möbeln – ein beliebtes Ziel für eine kleine Abenteuerreise mitten im Alltag – komplett mit Apfelkuchen, Kaffee und Limonade.

Apfelkuchen

Teig
100 g Butter
150 g Mehl
1 Ei
1 EL kaltes Wasser

Füllung
500 g säuerliche Äpfel
2 EL Zucker
4 El Crème fraiche
2 El Wasser

Die Butter mit dem Mehl verrühren. Eigelb und Wasser zugeben, alles zu einem Teig verarbeiten und für etwa 1 Stunde in den Kühlschrank stellen.
Den Teig ausrollen und eine Springform oder eine Pieform mit herausnehmbarem Boden damit auskleiden. Den Boden mehrmals mit einer Gabel einstechen, mit leicht verquirltem Eiweiß einpinseln und bei 200°C 10 Minuten backen.
Die Äpfel schälen und grob raspeln. Zucker, Crème fraiche und Wasser verrühren. Die Äpfel in der vorgebackenen Teigform verteilen und mit der Crème fraiche-Mischung übergießen. Bei 200°C 30-40 Minuten backen. Ofenfrisch mit eiskalter Schlagsahne servieren.

Hochherrschaftlich
entspannen

THEATERFANS kennen diese Gegend in Kopenhagens Stadtteil Kongens Nytorv gut – in den Straßen hinter dem Königlichen Theater liegen große, klassizistische Patrizierhäuser dicht nebeneinander. Dennoch ist dies eine Oase der Ruhe, denn die Gegend liegt etwas abseits vom Verkehr des übrigen Stadtteils und dem belebten Nyhavn. Das wissen die Anwohner hier sehr zu schätzen.

Durch einen hochherrschaftlichen Eingang betritt man ein schönes Treppenhaus, das in die oberste Etage des Wohnhauses führt. Hier wohnt Henriette mit ihren zwei Kindern, Alexander und Anna Sofie. Vor der Wohnungstür stapeln sich Schuhe und Stiefel in allen Größen und Formen – ein sicheres Zeichen dafür, dass hier eine Familie mit Kindern wohnt, die gern Besuch hat.

Die 200 Quadratmeter große Wohnung mit Stuckdecken und Parkettböden ist typisch für ein Kopenhagener Patrizierhaus. Die Wohnung ist groß und hell, denn das einfallende Licht wird durch die weiß gestrichenen Wände reflektiert und verstärkt. Hier dominieren weiche Polstersessel und Sofas mit Überwürfen aus Leinenstoff.

Auf den ersten Blick wirkt der Einrichtungsstil klassisch französisch-skandinavisch. Doch wenn man sich genauer umsieht, bemerkt man eine Vielfalt von anderen Stileinflüssen. Im Arbeitszimmer und in einer Ecke des großen Esszimmers dominiert der Jugendstil, durch den die Wohnung ein eigenwilliges, leicht schräges Gepräge bekommt. Im Schlafzimmer hingegen trifft man auf den ganz anderen, sehr viel schlichteren Stil der amerikanischen Nordostküste.

Die Wohnung ist vor allem auf Bequemlichkeit eingerichtet, doch Henriette hat sich bei der Wahl der Einrichtung besonders von der Ästhetik, der Form, den Details und vor allem der Geschichte der Gegenstände anziehen lassen. Doch es ist ihr gelungen, diese recht unterschiedliche Ansammlung zu einem stimmigen Ganzen zu vereinen.

REL

AX

Der schöne Porzellanofen stammt aus Christiania. Hier stand vorher ein alter Koksofen. Als dieser nicht mehr verwendet werden konnte, musste er einer eleganteren Ausgabe weichen.

Ein allumfassender Job

Henriette ist freiberufliche Innenarchitektin. Sie arbeitet in erster Linie für Privatkunden. Ihr Aufgabenfeld ist dabei weit gefächert. Manche Kunden möchten ihre Wohnungen selbst einrichten, brauchen dabei aber professionellen Beistand. Manchmal sind es Details – etwa ein neues Möbelstück oder eine neue Farbe – die plötzlich alles zu einem homogenen Gesamtbild vereinen. Manchmal geht es darum, die Wohnfläche funktionaler zu gestalten und besser auszunutzen. Wieder andere Kunden brauchen Henriettes Anregungen, um einen ganz neuen Stil zu entwickeln.

Zuweilen geht es um die komplette Umgestaltung einer Wohnung, wo manche Zimmer völlig anders genutzt werden sollen. Nach einer gründlichen Analyse von Lage und Funktion der Räume werden gemeinsam mit dem Kunden Bodenbeläge, Behandlung und Farbe der Wände und Beleuchtung ausgesucht, denn auch die Inneneinrichtung ist dann in Henriettes Hand.

Henriette fühlt sich privilegiert, einen Job auszuüben, durch den sie anderen dabei helfen kann, ein schönes, lebendiges und funktionales Zuhause zu gestalten. Die enge Zusammenarbeit mit den Kunden ist stets belebend und sie bekommt dadurch einen tiefen Einblick in das Leben anderer Menschen.

Elefanten bringen Glück …

Henriette hat auf ihren vielen Reisen eine ganze Sammlung von Elefanten aus Knochenschnitzerei zusammengetragen. Sie hat ihren Platz im Arbeitszimmer. Auch die Kinder haben je einen eigenen Glückselefanten. Wenn Henriette etwas Besonderes vor hat, wird der Elefant hervorgeholt oder sogar als Maskottchen mitgenommen – so findet sie immer den richtigen Weg.

Eine etwas andere Ehe

Henriette heiratete sehr jung und lebte, wie es üblich ist, von Anfang an mit ihrem Mann zusammen. Vor ein paar Jahren jedoch fassten beide den Beschluss, ihre Ehe auf eine etwas untraditionelle Art und Weise fortzusetzen. Sie bezogen getrennte Wohnungen, denn es war ihnen klar geworden, dass sie nach zwanzig Jahren Zusammenleben etwas mehr Zeit und Raum für ihre persönlichen Bedürfnisse und Interessen brauchten. Die räumliche Trennung führte dazu, dass sie nun in stärkerem Maße als zuvor zueinander finden und sich genauer darüber klar sind, wann sie einander als Partner und wann in der Elternrolle brauchen.

FÜR Henriette gibt es ein paar wichtige Kriterien, die ein Zuhause erfüllen muss. Diese spielen sowohl bei ihrer Arbeit als auch im eigenen Heim eine grundlegende Rolle. Man braucht darin Platz zum Zusammenleben, zur Entspannung, zum inneren Ausgleich und zur Weiterentwicklung. Ein Zuhause ist ein Ort, an dem man sich in sich selbst vertiefen kann und an dem man Lust hat, Zeit mit denen zu verbringen, die einem nahe stehen.

Um nach einem anstrengenden Arbeitstag so richtig entspannen zu können, braucht man ein Zuhause, auf das man sich freut – keinen Ort, der einen bereits stresst, wenn man durch die Tür kommt. Daher ist es wichtig, sich für die Wohnungsgestaltung viel Zeit zu nehmen. Zuallererst soll man sich darin wohl fühlen. Das ist ein Grundgefühl, das wenig mit dem Gebäude oder der Qualität der Möbel zu tun hat. Es geht vielmehr darum, eine Atmosphäre der Ruhe zu schaffen. Ordnung und Sauberkeit sind wichtig – und man soll vor allem von Dingen umgeben sein, deren Anblick Freude macht.

HORNUNG

NÜSSE, Blumen oder Früchte in kleinen Mengen auf überdimensionalen Tellern – eine unkonventionelle Präsentation, die oft sehr viel interessanter aussieht als übervolle Obstschalen oder Vasen.

N

delikat

Bei der Gestaltung eines Raumes stellt sich Henriette stets zuerst die Frage, welche Stimmung hier vorherrschen soll. Erst dann kommt die Funktionalität zu ihrem Recht. Die alte Küche der Wohnung war klein und dunkel, doch Henriette wünschte sich genug Platz, um die Familie rund um einem großen Küchentisch zu versammeln. So wurde mithilfe der angrenzenden Speisekammer und eines Teils des Flurs ein ganz neuer Raum geschaffen. Die neue Küche ist sehr schlicht gehalten. Der funktionale Bereich besteht aus Herd und Spüle mit Arbeitsfläche. Hier wird das Essen zubereitet und der Abwasch gemacht.

Nach dem Vorbild alter französischer Bücherschränke entwarf Henriette eine Vitrine für Glas und Porzellan, die genau in den Stil der neuen Küche passte. Für Wärme und Gemütlichkeit sorgt der neu gebaute Holzkamin. So wurde mit einfachen Mitteln ein funktionaler und doch wohnlicher Raum geschaffen, in dem die Familie die meiste Zeit verbringt – und in dem auch Platz ist für die vielen Hausgäste.

Fragilité-Torte

Trotz des französisch klingenden Namens ist dies ein typisch dänisches Gebäck!

Baiserboden
100 g Haselnüsse
4 Eiweiß
200 g Puderzucker

Mokkacreme
250 ml Schlagsahne
2 El Kakaopulver
2 El Kaffeepulver
ca. 50 g Puderzucker
(oder weniger, je nach Geschmack)

Die Nüsse grob hacken. Wer will, kann sie in der Pfanne kurz anrösten.
Eiweiß steif schlagen, dabei die Hälfte des Puderzuckers zugeben, dann den restlichen Puderzucker und die Nüsse unterheben.
Drei gleich große Kreise aus Backpapier zuschneiden und die Baisermasse darauf verteilen (mit einer kleinen Springform als Schablone geht es leichter.)
Bei 150°C ca. 40 Minuten backen. Der Baiser soll trocken und knusprig sein.

Die Schlagsahne steif schlagen. Kakao- und Kaffeepulver sowie Puderzucker darüber sieben und unterrühren. Die Creme mindestens eine Stunde in den Kühlschrank stellen.
Die Baiserböden mit der Mokkacreme bestreichen und übereinander schichten. Etwas Puderzucker darüber sieben und sofort servieren.

Kreative Traumwelten

Obwohl Henriette sehr realistisch und praktisch veranlagt ist, spielen sich viele ihrer kreativen Arbeitsprozesse in einem ganz anderen Teil ihrer Persönlichkeit ab. Sie lässt zuerst eine Illusion, eine Art Traumwelt, in sich entstehen. Dort lässt sie alles geschehen und konzentriert sich auf ihre Wünsche ... Zu diesem Zeitpunkt spielt die Wirklichkeit keine Rolle, denn diese setzt meist zu schnell Grenzen, statt Möglichkeiten aufzuzeigen. Dann beginnen sich allmählich Lösungen abzuzeichnen, die oft überraschend und äußerst kreativ sind. Erst hinterher macht sich Henriette Gedanken über die praktische, realistische und finanzielle Umsetzung. Doch der Gedankenprozess hat ihr viele wertvolle Ideen geliefert, die am Ende zu einem besseren Resultat führen.

SCHLAFZIMMER sollen ein Ort der Ruhe sein, mit schlichten Möbeln und in ruhigen Farben gehalten. Denn hier zieht man sich nach einem langen Tag voller Sinneseindrücke zurück, um zur Ruhe zu kommen.

Im Schlafzimmer steht ein großes Bett, in dem die ganze Familie Platz hat. Oft schlüpfen die Kinder morgens mit unter die Bettdecke und dann wird gekuschelt oder zusammen gelesen.

LEX
ING
TON

Erdbeer Smoothie

1 Banane
1 große Hand voll frische oder gefrorene Erdbeeren
100 ml Orangensaft
50 ml Milch (nach Geschmack)

Alle Zutaten im Mixer zu einem Smoothie verarbeiten und sofort servieren. Wenn frische Erdbeeren verwendet werden, kann man ein paar Eiswürfel mit in den Mixer geben. Variieren Sie die Mengen nach Geschmack, bis Sie Ihre Lieblings-Konsistenz gefunden haben.

R

REPRÄSENTATIV UND RATIONELL: Das Badezimmer wurde ebenfalls komplett renoviert und dann passend zum hochherrschaftlichen Stil des Patrizierhauses eingerichtet. Zwei klassische französische Porzellanwaschbecken sorgen dafür, dass morgens kein Gedrängel entsteht. Henriette hat eine kleine Ecke der angrenzenden Wohnung übernommen, um mehr Platz für die Dusche zu schaffen.

fragrance

Wie ein gut gehütetes Geheimnis

RUHEPOL: Das kleine, schwarz gestrichene Holzhäuschen liegt direkt über einem steilen Felshang. Ein idealer Ort, um sich aus dem hektischen Großstadtleben Kopenhagens zurückzuziehen, um das einfache Leben zu genießen und einfach einmal die Seele baumeln zu lassen.

EIN stabiles und zugleich abwechslungsreiches Leben wünscht sich Henriette für ihre Familie. Den Alltag mit Job und Schule verbringt sie mit ihren Kindern in einer großen Stadtwohnung hinter dem Königlichen Theater in Kopenhagen. Doch wann immer sie kann, macht sich die Familie auf den Weg in das Ferienhaus an der Nordküste der Insel Seeland.

Das kleine Häuschen ist sehr ungewöhnlich gelegen. Es liegt am Ende eines Kieswegs, der entlang einer Wohnsiedlung einen steilen Berg hinunter führt, wie ein wohlbehütetes Geheimnis versteckt hinter einer hohen Buchenhecke und ein paar alten Bäumen. Doch wenn man durch die Gartenpforte tritt, bemerkt man, dass das Häuschen nur auf der Rückseite von der stetig anwachsenden Wohnsiedlung bedrängt wird. Nach vorn hat man einen freien Ausblick auf das Kattegat und die schwedische Küste.

Man fühlt sich hier ein wenig an ein Schrebergartenhaus erinnert, denn auf nur 40 Quadratmetern drängen sich ein kleiner Eingangsflur, eine Wohnküche und zwei kleine Schlafzimmer. Unter dem Haus wurde ein großes Badezimmer eingerichtet, doch um dorthin zu gelangen, muss man Gummistiefel anziehen und eine kleine Treppe hinuntersteigen, die außen am Haus hinab führt.

Im Sommer allerdings ist das Haus um viele Quadratmeter größer, denn dann wird die große Holzterrasse mit einbezogen, die sich rings um das Haus zieht. Auch im Untergeschoss befindet sich eine Terrasse, die sogar überdacht ist, da sie direkt unter der oberen Terrasse liegt. Beide sind in der warmen Jahreszeit ständig in Gebrauch – sowohl zum Arbeiten, als auch zur Entspannung, wie es sich für so eine kleine Zufluchtstätte gehört.

„Wenn man sich fern vom Alltag mit seinen vielen Pflichten befindet, lässt sich Mama viel leichter zum Vorlesen überreden.

Natur im HAUS

GEMÜTLICH: Unter dem Überwurf versteckt sich ein altes, briefkastenrotes Sofa. Es stand zuletzt in Anna Sofies Zimmer in Kopenhagen, bis es einem neuen Platz machen musste. Doch weil es so wunderbar kuschelig ist und einfach ideal zum Geschichten vorlesen, wurde es schließlich ins Ferienhäuschen verfrachtet.

Henriette und ihre Kinder leben sehr gerne mitten in Kopenhagen, denn das ist zentral und spart lange Wege. Doch wenn man zugleich Zugang zu einem Ort mit viel frischer Luft, weiten Horizonten und einer ganz anderen Lebensweise hat, ist es noch einmal so schön, dort zu wohnen. Denn hier im Ferienhaus kann jeder machen, wozu er Lust hat – und nach einem Tag an der frischen Luft ist man am Abend auf eine ganz andere Art müde als in der Stadt. Das Sommerhäuschen des Vaters liegt ganz in der Nähe, daher besucht man sich oft mit dem Fahrrad oder trifft sich am Strand.

FAMILIE

Mal Pause machen

Es ist schön, einfach mal alles hinter sich zu lassen. Einfach Pause zu machen und neue Energie tanken. Das ist der Grund, warum Henriette in das Sommerhäuschen investiert hat. Hier gibt es weder Computer noch Fernseher oder Playstations.

Das Handy wird zwar mitgenommen, aber das kann man immerhin auch abschalten. Das Schöne ist, dass die schlechte Verbindung ohnehin nur für kurze Gespräche reicht. Wenn man all diese Dinge von sich schiebt und nur ganz wenige tägliche Pflichten übrig bleiben, hat man auf einmal Unmengen von Zeit. Zeit, die man mit Dingen verbringen kann, zu denen man Lust hat - oder einfach damit, sich ein klein wenig zu langweilen, allein oder gemeinsam mit den anderen.

UTENSILS

COTTAGE

Bruschetta

Tomaten
Paprika
Schalotten
Kräuter nach Geschmack
Olivenöl
Salz und Pfeffer
Weißbrot (nach Geschmack
Sauerteigbrot)

Gemüse und Kräuter hacken und in Olivenöl, Salz und Pfeffer wenden und die Mischung ein paar Stunden bei Zimmertemperatur marinieren lassen.
Das Weißbrot in Scheiben schneiden und in einer Pfanne mit Olivenöl rösten. Mit der Gemüsemischung belegen und sofort servieren.
Schmeckt als Vorspeise oder Zwischenmahlzeit.

EINTRETEN BITTE: Im Windfang ist Platz für Gummistiefel, Flip-Flops und Pantoffeln – anderes Schuhwerk braucht man hier draußen auch kaum.

Eines der beiden Schlafzimmer befindet sich in einem kleinen Anbau, jedoch mit direktem Zugang zum Haupthaus. Auch hier sind alle Flächen weiß gestrichen, um den Raum größer wirken zu lassen. Eigentlich ist dies das Kinderschlafzimmer, aber die Kinder schlafen viel lieber mit in Henriettes Bett, in dem mehr als genug Platz ist. Das Zimmer bietet jedoch eine willkommene Möglichkeit, einmal mit sich allein zu sein und dient auch als Spiel- und Gästezimmer, wenn Besuch da ist.

PIONIERS-ROMANTIK: Die Familie benutzt das Häuschen das ganze Jahr über, obwohl es sich im Grunde nicht wirklich dafür eignet. Im Winterhalbjahr muss man im Kamin kräftig Feuer machen, sobald man das Haus betritt. Bis sich das Haus aufgewärmt hat, kuscheln sich Henriette und die Kinder in Kissen und warme Decken und halten ein Schwätzchen oder auch ein kleines Nickerchen.

Melonen-Drink

1 Cantaloupe-Melone
(oder eine andere Sorte nach Geschmack)
50 ml kaltes Wasser
2 El frisch gepresster Limettensaft
1 El Puderzucker, oder nach Geschmack

Die Melone schälen, die Kerne entfernen und in kleine Stücke schneiden. Mit Limettensaft , Wasser und Puderzucker im Mixer zu einem Smoothie verarbeiten. Mit zerstoßenem Eis auf Gläser füllen und sofort servieren.

Ein Pakt mit der Natur

d

DURCHGANG in eine andere Welt: Manchmal geht man durch eine Tür und befindet sich plötzlich in einer Umgebung, die man nicht erwartet hat. In diesem Reihenhaus in der Kopenhagener Vorstadt trifft man auf ein magisches Universum, zusammengestellt aus Schätzen der Natur.

Meditation

Schnee und Licht spiegeln sich in den Glaskristallen des Mobiles. Wenn man sich in den Anblick vertieft, öffnet sich mitten in der weißen Winterszene auf einmal ein buntes Kaleidoskop von Farben.

Inspiration

Die Natur ist der Dreh- und Angelpunkt im Werk der Künstlerin Anja Blinkenberg. Schon seit frühester Kindheit war sie fasziniert davon und vertiefte sich in alles, was ihr draußen begegnete. Noch heute ist die Natur für sie eine unerschöpfliche Inspirationsquelle.

Auf langen Spaziergängen sammelt Anja Steine, Treibholzstücke, Federn, Sand, Moos und Knochen. Jedes Ding hat seine eigene Faszination und charakteristischen Eigenschaften, sodass sie stets mehr mitbringt, als sie gebrauchen kann. Viele ihrer gesammelten Schätze finden dekorative Verwendung im Haus der Familie – andere werden gründlich studiert und bilden die Grundlage für ihre Bilder und Installationen.

Im Esszimmer, einer umgebauten Garage, befindet sich auch Anjas Atelier. Zwischen den Mahlzeiten verwandelt sich der Raum in den Arbeitsplatz einer Künstlerin, ein Sammelsurium von Pinsel, Farben, Leinwand und Naturfunden. Durch die eingebauten Oberlichter ist es hell genug zum Arbeiten. Manchmal gibt Anja hier auch Zeichenkurse für Kinder.

„Dinge und Menschen können gut für sich alleine stehen. Doch durch spielerische und überraschende Kombinationen trifft man plötzlich auf ganz neue Möglichkeiten und Ausdrucksformen," sagt Anja Blinkenberg.

indian winter

Den Brustschmuck im indianischen Stil hat Anjas Bruder für sie gebastelt.

Überall im Haus trifft man auf Fundstücke aus der Natur. Manche sind so geblieben, wie sie vorgefunden wurden und andere wurden bearbeitet oder in Installationen verwendet. Auf den ersten Blick mögen sie grau und farblos aussehen, doch für Anja bietet das, was andere Grau, Weiß und Schwarz nennen, eine unerschöpfliche Palette an Nuancen und Farben dar.

“nicht alle Steine
sind grau

Natur, Spiritualität und Schönheit

Schon in frühester Jugend war Anja fasziniert von den nordamerikanischen Indianern. Natur, Geschichten, Bilder, Spiele und Träumereien spielten auch in ihrer Kindheit eine große Rolle – sehr wahrscheinlich hat dies dazu beigetragen, dass sie sich den Indianern so verbunden fühlt. Der Lebensstil der Indianer, ihre Wertschätzung der Natur, der Schönheit und der Spiritualität sind die Hauptantriebskräfte Anjas Malerei, einer Kombination aus Wirklichkeit, Geschichte und Folklore rund um die verschiedenen Stämme und Individuen dieses Naturvolks.

MODE

1937

RUHE UND REFLEKTION: Genug Zeit zum Nichtstun ist die Grundlage für einen arbeitsreichen Tag … Anjas Leben ist mit allerlei Aktivitäten draußen und zu Hause erfüllt. Daher ist es ihr sehr wichtig, genug Zeit zu finden, um sich in sich selbst zu versenken – einen Augenblick der Ruhe im Alltag zu finden, wo man den Tag Revue passieren lassen und neue berufliche oder private Aktivitäten planen kann. Denn wenn sich Friede einstellt, werden die Gedanken klar.

r

Versenkung

ELLE
VOGUE
VOGUE

Weasel tail-piegan
a voice
I will send
Hear me!
The land
All over,
A voice
I am sending!
Hear me!
I will live!
morning
east

Die Børge Mogensen-Klappstühle in der Zimmerecke dienen als Extra-Sitzgelegenheiten, wenn Gäste kommen. Den Tisch fand Anja in einem Müllcontainer am anderen Ende der Stadt. Um ihn nach Hause zu bekommen, musste sie ihn sich auf den Rücken binden, denn sie war mit dem Fahrrad unterwegs.

Das nur 137 Quadratmeter große Reihenhaus unterscheidet sich in Nichts von den anderen Häusern in der Straße. Doch das langweilige Äußere täuscht, denn kaum tritt man durch die Tür, befindet man sich in einem Haus voller Charakter.
Zuerst bemerkt man die Helligkeit und das Gefühl von Bewegungsfreiheit in den hellen, lichtdurchfluteten Räumen. Das ganze Haus ist in derselben hellen Farbpalette gehalten und es ist deutlich zu merken, dass Anja auch beim Einrichten des Hauses in grafischen Linien, Punkten, Formen und Farben gedacht hat.

Anjas Großvater war Möbeltischler. Von ihm hat sie die Freude an schönen, klassischen Möbeln und gutem Handwerk geerbt. Die dänischen Möbelklassiker im Haus haben Anja und ihr Mann Kaspar gesammelt, seit sie sich kennen gelernt haben. Doch trotz allem Respekt vor Möbelarchitekten hat Anja keinerlei Hemmungen, die hochkarätigen Stücke mit Dingen zu kombinieren, die sie einfach nur schön oder praktisch findet.

Am Allerwichtigsten ist es, dass das Haus eine funktionsfähige Basis für das Familienleben darstellt. Die zwölfjährigen Zwillinge Emil und Albert sollen sich hier ungehindert austoben können. Anja und die Jungen sind drinnen und draußen ständig mit irgendwelchen Experimenten beschäftigt. Und wenn das Haus einmal zu eng für die Jungen und ihre Freunde wird, was oft vorkommt, dann werden Stiefel angezogen und es geht ab in den Wald. Sie sind mit der Natur vor der Tür aufgewachsen, sodass diese gewissermaßen einen Teil ihres Zuhauses bildet.

Wohnträume werden Wirklichkeit

Mittlerweile wenden sich immer mehr Menschen an Anja und bitten um Beratung bei der Einrichtung ihrer Wohnungen. In regelmäßigen Abständen lässt sie sich auf diese Aufgaben ein und genießt die Herausforderung, sich daran heranzutasten, was die Kunden brauchen und wünschen. Für Anja sind es nicht die Quadratmeter, von denen es abhängt, ob sich ein Wohntraum erfüllt oder nicht. Den Ausgangspunkt für das Entstehen des neuen Lebensraums bildet das Vorhandene. An Ideen mangelt es Anja nicht und es macht ihr großen Spaß, nach dem zündenden Element zu suchen, das die Einrichtung zu einem homogenen Ganzen macht. Wenn dabei ein Stück restauriert oder umgearbeitet werden muss, ist dies nur eine weitere willkommene Herausforderung an ihre Kreativität.

Sammler-Leidenschaft

UNMENGEN von kleinen und großen Sammlungen sind überall im Haus verstreut. Obwohl alles so wirkt, als wäre es mit viel Überlegung zusammengestellt worden, gibt es hier kein Richtig oder Falsch. Jedes Familienmitglied leistet einen gleichwertigen Beitrag – egal, ob es sich dabei um Naturfunde, Reiseandenken, Schulbasteleien oder andere schöne Dinge und Erinnerungen handelt. Es ist eine von Anjas Lieblingsbeschäftigungen, dies Sammelsurium in einen harmonischen Zusammenhang zu bringen. Dieser Prozess ist natürlich niemals abgeschlossen und selbst Anja ist immer wieder überrascht über das Ergebnis. Da sie selbst in Bildern denkt, ist das Arrangieren von kleinen Stillleben für sie so etwas wie ein inneres Bedürfnis.

Der kleine Garten ist ständig in Gebrauch, auch im Winter. Manchmal sitzt die Familie hier – wie in einem unsichtbaren Tipi – rund um das Lagerfeuer und röstet Maiskolben. Dabei herrscht eine ganz besondere Atmosphäre … „Man denkt hier andere Gedanken," sagen die Zwillinge Albert und Emil.

am Feuer

Ganze Maiskolben
Kalte Butter
Salz nach Geschmack
(Kräutersalz schmeckt am besten)

Die Blätter der Maiskolben nicht entfernen.
Die Maiskolben an den Rand des kräftig brennenden Lagerfeuers legen und wenden, wenn die Blätter anzukohlen beginnen.
Wenn die Kolben fast schwarz sind und die äußeren Blätter nicht mehr qualmen, ist der Mais gar.
Die Blätter vorsichtig zum Stiel hin biegen und den Maiskolben daran festhalten. Mit Butter bestreichen und nach Geschmack etwas Salz darüber streuen.
Manchmal werden Maiskerne beim Garen schwarz – diese werden dann einfach entfernt.

Das Vogelhaus entdeckte Anja in einer Zeitschrift. Sofort machten sie und die Jungen sich auf die Suche nach Zweigen, um es nachzubauen. Das Dach besteht aus einem Stück Zinkblech. Jetzt steht das Vogelhaus auf der Terrasse und dient als Laterne – ein anheimelnder Anblick in der Winterdämmerung.

let it

snow

Im Schatten des schwedischen Waldes

SCHWEDEN im Winter: zwischen brausenden Wäldern, unter einem violetten Himmel steht das ochsenblutrote Holzhaus nun schon seit mehr als hundert Jahren. Es hat schon viele Jahres- und Lebenszyklen gesehen und man könnte so manche Geschichte erzählen von den Menschen, die hier im Laufe der Zeit gewohnt haben und deren Leben mit diesem Ort untrennbar verbunden ist.

Småland

FICHTEN und Laubbäume, Klippen und Wasser umgeben das winzige Dorf, das aus ganzen drei rot gestrichenen Häusern besteht. Als Sus und ihr Mann in eines davon einzogen, hatten sie zwei kleine Jungen. Diese gewöhnten sich schnell daran, Wochenenden und Ferien in Schweden zu verbringen. Inzwischen sind noch ein paar Geschwister hinzugekommen, die sich ebenso wie die Erwachsenen darauf freuen, hierher zu kommen. Hier kann man herrlich entspannen und gemeinsam oder allein seinen Gedanken und Beschäftigungen nachgehen.

Wi

ter

Einfache Lösungen

Eine Apfelkiste aus dem Garten dient als Sockel für die Tischplatte, die aus einer Wollspinnerei stammt. Solche teils erfinderischen, teils praktischen Lösungen findet man im ganzen Haus – aber auch kostspielige, wenn diese das Leben wirklich erleichtern. Doch alles muss leicht zu pflegen sein, da das Haus ja zwischendurch längere Zeit nicht bewohnt ist.

Ein globales Arbeitsleben

Sus und ihr Mann betreiben ihre gemeinsame Firma von dort aus, wo sie sich gerade befinden – und das sind im Laufe eines Monats oder eines Jahres viele verschiedene Orte. Ihr Job führt sie nämlich weit herum. Die meiste Zeit verbringen sie auf ihrem Hausboot in Kopenhagen, das zugleich als Wohnung und Showroom dient. Daneben haben sie feste Projekte in London, wo sie sich jeden Monat mehrere Tage lang aufhalten. Ihre Arbeit führt sie auch gelegentlich nach Kenia und Dubai. So verlaufen die Grenzen zwischen Arbeit und Freizeit recht fließend, was der Familie so jedoch gut gefällt. Die vielen Reisen bringen Anregungen, reiche Erfahrungen und Begegnungen mit interessanten Menschen mit sich. Und zwischendurch wird in dem Holzhaus in Schweden wieder Energie getankt.

FÜGUNG: Der Vorbesitzer des klassischen schwedischen Holzhauses war Innenarchitekt und Maurer – und so konnte die Familie in ein voll durchrenoviertes Haus einziehen, das perfekt auf ihre Bedürfnisse abgestimmt war. Ursprünglich befanden sich hier viele kleine Zimmer, doch der Vorbesitzer hatte mehrere Wände entfernt, um die Räume heller und größer zu machen. Die Einrichtung ist sehr schlicht gehalten – das passt am besten zum Lebensstil der Familie, wenn sie sich hier aufhält. Vom großen Hausflur führt eine Treppe in den ersten Stock. Das Erdgeschoss besteht aus einem einzigen großen Raum. Knotenpunkt ist der von mehreren bequemen Sofas umgebene große Holzofen, der häufig in Gebrauch ist. Dort steht auch ein großer Tisch, an dem gegessen, gespielt und gearbeitet wird.

Im ersten Stock kommt man zuerst in einen Flur, der aber dann ebenfalls in einen einzigen großen Raum mit angeschlossenem Badezimmer führt. Dort stehen Betten in allen Größen und Formen in Reih und Glied, in denen die gesamte Familie Platz findet.

AM KAMIN

Pulse
Mixing Sensor

Joghurt mit frischen Beeren

Selbst gemachter Fruchtjoghurt schmeckt einfach ganz anders als gekaufter.

Mischen Sie Naturjoghurt mit den frischen Beeren der Saison. Ist er noch zu sauer, setzen Sie nach Geschmack ein wenig Honig zu. Servieren Sie ihn, wie er ist oder machen Sie daraus Eislollis. Lollistiele aus Holz gibt es im Bastelgeschäft.

Himbeeren

KLAFRESTRÖM. No 26

Bei den Nachbarn, beim Bauern oder im Dorfladen gibt es frisches Obst und Gemüse - und sogar Fleisch, denn wenn der Nachbar auf die Jagd geht, gibt er gern etwas ab. Dann wird schon morgens ein großer Topf mit Fleisch auf den Herd gestellt und den Tag über langsam gar ziehen lassen.

Wildbraten mit Blaubeeren

Wildbraten, ca. 1,5 kg
Butter
1 El getrocknete Wacholderbeeren
1 Hand voll Preiselbeeren
1 Hand voll Blaubeeren
200 ml Blaubeersaft
200 ml Wasser
Salz und Pfeffer

Das Fleisch mit Salz, Pfeffer und einigen zerstoßenen Wacholderbeeren einreiben und gern etwas stehen lassen. In einem gusseisernen Bräter scharf anbraten.
Die restlichen Zutaten zugeben, den Bräter in den Ofen stellen und das Fleisch bei 170ºC etwa zwei Stunden garen, dabei einmal wenden. Das Fleischthermometer soll 70ºC anzeigen. Vor dem Tranchieren eine Weile ruhen lassen.
Mit roh gebratenen Kartoffeln und grünem Salat servieren.

Stille Innehalten

PLATZ ZUM ENTFALTEN: Das Haus in Schweden ist für alle Familienmitglieder ein ganz besonderer Ort, denn hier hat jeder Zeit, zu entspannen und sich auf sich selbst zu konzentrieren. Die Kinder verbringen den ganzen Tag draußen, entweder mit Tagträumen oder mit groß angelegten Abenteuerexpeditionen. Ganze Tage werden mit Kochen verbracht – mit schnippeln, hacken und Brot backen. Es wird im See gebadet, am Feuer gelesen, ein Nickerchen gemacht oder meditiert. Ob Geselligkeit oder Für-sich-Alleinsein – es gibt hier für alles Zeit und Raum.

ALLE schlafen im selben Schlafzimmer. Zwar hat jeder sein eigenes Bett. Doch ob zur Mittagsstunde oder morgens, wenn die Familie langsam aufwacht, eigentlich hört man ständig das Geräusch tapsender Füße auf dem Weg in ein anderes Bett. Hier werden Abenteuer- und Geistergeschichten erzählt, Lieder gesungen oder Radio gehört – es ist doch so gemütlich, aneinander gekuschelt wieder einzuschlafen …

BUSH

Leben im Wechsel der Jahreszeiten

Die Familie benutzt das Haus in Schweden das ganze Jahr über. Dadurch haben sie die wechselnden Jahreszeiten hier im Laufe der Jahre gründlich kennen gelernt. Wie die Natur, so ändern sich auch deren Schätze kontinuierlich. Im Sommer und Herbst wird alles gesammelt, was die Natur hier zu bieten hat: Beeren, Pilze, Kräuter, Krebse und Fische aus dem Meer und Wild vom Nachbarn. Vieles wird frisch verzehrt, doch anderes wird eingeweckt, eingekocht, eingefroren und für den Winter gelagert. Wenn der Winter da ist, wird Holz gehackt und gestapelt, das Haus frostsicher gemacht, die Gartenbeete abgedeckt. Die Nachbarn helfen sich gegenseitig bei den Wintervorbereitungen. Zuweilen jedoch sorgt die Natur auch einmal für Überraschungen, sodass man sich schnell etwas Neues einfallen lassen muss.

Rezeptregister

Adressen

Henriette Ihlemann
www.basalt.dk

Tine K
www.tinekhome.dk

Anja Blinkenberg
www.anjablinkenberg.dk